Tadpole Books are published by Jump!, 5357 Penn Avenue South, Minneapolis, MN 55419, www.jumplibrary.com

Editor: Jenna Trnka **Designer:** Anna Peterson **Translator:** Annette Granat

Photo Credits: RapidEye/iStock, cover; Gelpi/Shutterstock, 1; CraigRJD/iStock, 2–3, 4–5, 16tr, 16br; emholk/iStock, 6–7, 16bl; Ljupco Smokovski/Shutterstock, 8–9, 16bm; Steve Debenport/iStock, 10–11; andresr/iStock, 12–13; Juriah Mosin/Shutterstock, 13; wavebreakmedia/Alamy, 14–15, 16tl, 16tm.

Library of Congress Cataloging-in-Publication Data is available at www.loc.gov or upon request from the publisher.
978-1-64128-072-3 (hardcover)
978-1-64128-073-0 (ebook)

LAS EMOCIONES

LA TRISTEZA

por Genevieve Nilsen

TABLA DE CONTENIDO

LA TRISTEZA

Él está triste.

¿Cómo lo sabemos?

gesto

Está haciendo
un gesto.

Ella está triste.

Llora.

Él perdió un juego.

Se siente triste.

Se esfuerza mucho.

¡Él gana el siguiente juego!

Su amiga se va.

Ella se siente triste.

Le escribe
a su amiga.

Ella se siente feliz.

REPASO DE PALABRAS

escribe

feliz

gesto

llora

perdió

triste

ÍNDICE